Alles halb so schlimm!

Frustschutzverse von
Eugen Roth

Zusammengestellt von
Christine Reinhardt

Deutscher Taschenbuch Verlag

Von Eugen Roth
sind im Deutschen Taschenbuch Verlag erschienen:
Mir geht's schon besser, Herr Professer! (13895)
Das Eugen Roth Buch (21137)
So ist das Leben (25205)
Ernst und heiter (25225)
Genau besehen (25262)

Ausführliche Informationen über
unsere Autoren und Bücher
finden Sie auf unserer Website
www.dtv.de

2010 Deutscher Taschenbuch Verlag GmbH & Co. KG,
München
2. Auflage 2011
Lizenzausgabe mit Genehmigung
des Carl Hanser Verlag
© 2005 Sanssouci im Carl Hanser Verlag, München
Umschlagkonzept: Balk & Brumshagen
Umschlagillustration: Luis Murschetz
Gesamtherstellung: Druckerei C. H. Beck, Nördlingen
Gedruckt auf säurefreiem, chlorfrei gebleichtem Papier
Printed in Germany · ISBN 978-3-423-13944-1

Statt jeden, der noch lacht, zu neiden,
Am Neid dann Tag und Nacht zu leiden,
Sich Kummer, weil man litt, zu machen:
Ists besser, selbst gleich mitzulachen.

*Ein Mensch sieht sich auf dieser Welt
vor mehr als ein Problem gestellt*

Kleine Krisen und Katastrophen

Besorgungen

Ein Mensch geht eines Vormittages,
Gewärtig keines Schicksalsschlages,
Geschäftig durch die große Stadt,
Wo viel er zu besorgen hat.
Doch schon trifft ihn der erste Streich:
Ein Türschild tröstet: »Komme gleich!«
Gleich ist ein sehr verschwommnes Wort,
Der Mensch geht deshalb wieder fort,
Zum zweiten Ziele zu gelangen:
»Vor fünf Minuten weggegangen …«
Beim dritten hat er auch kein Glück:
»Kommt in acht Tagen erst zurück!«
Beim vierten heißts, nach langem Lauern:
»Der Herr Direktor läßt bedauern …«
Ein überfülltes Wartezimmer
Beim fünften raubt den Hoffnungsschimmer.
Beim sechsten stellt es sich heraus:
Er ließ ein Dokument zu Haus.
Nun kommt der siebte an die Reih:
»Geschlossen zwischen zwölf und zwei!«
Der Mensch, von Wut erfüllt zum Bersten,
Beginnt nun noch einmal beim ersten.
Da werden ihm die Kniee weich:
Dort steht noch immer: »Komme gleich!«

Nur nicht ärgern!

Ein Mensch kommt gradeswegs aus Essen,
– lang ist im Wagen er gesessen –,
Vorbei an Duisburg, Köln und Bonn
Todmüd am Abend nach Heilbronn.
Ein Telegramm liegt im Hotel:
Nach Duisburg kommen, bitte, schnell!
Der Mensch fährt nun das ganze Stück,
Am andern Tage brav zurück …
Dann strebt, vorbei an Köln und Bonn,
Er wieder eilig nach Heilbronn.
Er ist noch auf den Treppenstufen –
Schon heißts: »Sie sind von Köln gerufen!«
Verfluchend Himmel, Erd und Hölln,
Fährt er nun wiederum nach Köln,
Und dann, vorüber rasch an Bonn,
Zum drittenmale nach Heilbronn.
Er ist noch gar nicht richtig dort,
Schon heißt es: »Bonn braucht Sie, sofort!«
Der Mensch – jedoch genug davon:
So ähnlich gings uns allen schon …

Gescheiterte Sammlung

Ein Mensch – er freut sich drauf, und wie! –
Geht in die fünfte Sinfonie.
Wie liebt er grad den ersten Satz!
Er setzt sich still auf seinen Platz,
Daß ganz er dem Genuß sich weihe ...
Ein Herr grüßt aus der dritten Reihe.
Der Mensch, wohl wissend, daß er'n kenn,
Denkt flüchtig bloß, wie heißt er denn?
Worauf er fromm die Augen schließt,
Damit Musik sich in ihn gießt.
Kaum hebt den Stab der Zappelmann,
Schon geht bei ihm der Rappel an:
Wie rast der Geigen Glanzgeschwirre –
Der Mann heißt Fuld, wenn ich nicht irre!
Trompeten holt des Meisters Wink
Zu wilder Pracht – der Mann heißt Fink!
Wie steigt der Melodien Wuchs
Aus Zaubertiefen – er heißt Fuchs!
Wie klagt so süß ein Flötenlauf –
Der Mensch, er kommt und kommt nicht drauf.
Posaunen strahlen des Gerichts –
Mit Fuchs ist es natürlich nichts.
Horch, des Finales stolzer Prunk –
Funk heißt er, selbstverständlich, Funk!
Des Menschen Kopf ist wieder frei:
Die Sinfonie ist auch vorbei ...

Hoffnungslos

Ein Mensch begibt sich ahnungslos
In einer Freund-Familie Schoß,
Wo man nicht fernsieht, rundfunkdudelt –
Nein, geistvoll im Gespräch versprudelt.
Doch leider sieht der Mensch erst jetzt,
Daß man die Stühle streng gesetzt
Und alles schweigend und gespannt
Auf Buntes starrt an weißer Wand:
Ein Unmensch zeigt in langen Serien,
Wie er verbracht hat seine Ferien.
Vor Bildern, ziemlich mittelmäßig,
Sitzt nun der Mensch, schon lahmgesäßig;
Und pausenlos wird er befragt,
Was er zu diesen Bildern sagt.
Zum Sagen kann er gar nicht kommen:
Das Lob wird gleich vorweggenommen.
Die ganze Sippe, wild und wilder,
Verlangt noch die Familienbilder.
Der Mensch muß anschaun, ohne Gnaden,
Klein-Hänschen – ach, wie herzig! – baden;
Und nicht verschont wird er nun auch
Mit Muttis Reizen, Papis Bauch.
Der Mensch, der lang nach Mitternacht
Todmüd sich auf den Heimweg macht,
Beschließt, nie wieder werd er Gast,
Wo schon die Technik Fuß gefaßt.

Bedrängnis

Oft hat – ich hoffe nur, es führe,
Daß ich den heiklen Punkt berühre,
Nicht mit den Lesern zum Zerwürfnis –
Ein Mensch ein menschliches Bedürfnis.
Anstalten trifft man oft nicht an,
Woselbst man solche treffen kann.
Drum ist es gut, wenn unverweilt
Der so Bedrängte heimwärts eilt.
Auch achte er, indes er rennt,
Zu treffen keinen, der ihn kennt
Und ihn, der nichts will als verschwinden,
Ausführlich fragt nach dem Befinden.
Er sei in solchem Fall zwar höflich,
Doch kurz – sonst endets kataströphlich.

Immer falsch

Ein Mensch – seht ihn die Stadt durchhasten! –
Sucht dringend einen Postbriefkasten.
Vor allem an den Straßenecken
Vermeint er solche zu entdecken.
Jedoch, er bleibt ein Nicht-Entdecker –
Dafür trifft fast auf jedem Fleck er
Hydranten, Feuermelder an,
Die just er jetzt nicht brauchen kann.
Der Mensch, acht Tage später, rennt
Noch viel geschwinder, denn es brennt!
Doch hält das Schicksal ihn zum besten:
An jedem Eck nur Postbriefkästen!

Lebhafte Unterhaltung

Ein Mensch, von Redeflut umbrandet,
Hätt seine Weisheit gern gelandet,
Ein feines Wort, mit Witz gewürzt ...
Jedoch, die Unterhaltung stürzt
Dahin und treibt samt seinem Wort
Ihn wild ins Uferlose fort.
Er schreit: »Darf ich dazu bemerken ...«
Doch schon mit neuen Sturmwindstärken
Wird vom Gespräch, das braust und sprudelt,
Gewaltsam er hinweggetrudelt.
Er schnappt nach Luft und möchte sprechen,
Doch immer neue Sturzseen brechen
Auf ihn herein, er muß ertrinken,
Kann bloß noch mit den Händen winken
Und macht zuletzt nur noch den matten
Versuch, zu keuchen: »Sie gestatten ...«
Schiffbrüchig an sein Wort geklammert,
Der Mensch jetzt endlich einen jammert,
Der ihn aus des Gespräches Gischt
Im letzten Augenblicke fischt,
Gewissermaßen packt beim Kragen:
»Sie wollten, glaub ich, auch was sagen?!«
Das Sturmgespräch hat ausgewittert:
Der Mensch schweigt witzlos und verbittert ...

Immer ungelegen

Ein Mensch, gemartert von der Hitze,
Fleht dürstend nach dem ersten Blitze.
Ein Wolkenbruch wär selbst gesegnet:
Zwölf Wochen lang hats nicht geregnet.
Jetzt endlich braut sich was zusammen:
Es schlagen die Gewitterflammen
Schon in den Himmel eine Bresche –
Doch, wie?! Der Mensch hat große Wäsche!
Nur heute, lieber Gott, halt ein
Und laß nochmal schön Wetter sein!
Der Tod, der Gläubiger, der Regen,
Die kommen immer ungelegen:
Rechtzeitig zweifellos an sich –
Doch nie zur rechten Zeit für Dich!

Die Postkarte

Ein Mensch vom Freund kriegt eine Karte,
Daß er sein Kommen froh erwarte;
Und zwar (die Schrift ist herzlich schlecht!)
Es sei ein jeder Tag ihm recht.
Der Kerl schreibt wie mit einem Besen!
Zwei Worte noch, die nicht zum Lesen!
Der Mensch fährt unverzüglich ab –
Des Freundes Haus schweigt wie ein Grab.
Der Mensch weiß drauf sich keinen Reim,
Fährt zornig mit dem Nachtzug heim.
Und jetzt entdeckt er – welch ein Schlag!
Der Rest hieß: »Außer Donnerstag!«

Die Prüfung

Ein Mensch sieht sich auf dieser Welt
Vor mehr als ein Problem gestellt.
Der liebe Gott, ein strenger Lehrer,
Macht ihm die Schule täglich schwerer.
Der Mensch meint oft, daß er es spürt,
Wie über ihn wird Buch geführt
Und wie im Himmel hoch ein Engel
Notiert die Leistung wie die Mängel –
Und wie wohl auch der Teufel schreibt,
Was alles er an Unfug treibt.
Wie gern möcht er – doch ists verboten! –
Nur einmal spitzen in die Noten:
Ob er ein Einser-Schüler sei,
Ob höchstens Durchschnitt, so um drei?
Ob er das Klassenziel erreicht,
Erfährt er, nach dem Tod, vielleicht!
Doch Reue keinen Sinn dann hat:
Die Prüfung fand auf Erden statt.

*Ein Mensch erblickt ein Weib von fern
und säh es aus der Nähe gern*

Lust und Frust

Verpfuschtes Abenteuer

Ein Mensch geht in der Stadt spazieren
Und muß gar oft sein Herz verlieren
An Frauen, die nicht daran denken,
Ihm auch nur einen Blick zu schenken.
Warum, so fragt er sich im Gehen,
Kann mirs nicht auch einmal geschehen,
Daß dank geheimer Liebeskraft,
Ein Wesen, hold und engelhaft,
Mißachtend strenger Sitten Hürde
Sich unverhofft mir nähern würde?
Kaum hat er so zu sich gesprochen,
Fühlt er sein Herz gewaltig pochen.
Denn sieh, die reizendste der Frauen
Naht sich voll lächelndem Vertrauen
Und sagt zu ihm errötend dies:
»◡ – ◡ – ◡ – ◡ please?«
Der Mensch, der sowas nicht gelernt,
Hat hilflos stotternd sich entfernt.
Was nützt – Moral von der Geschicht –
Ein Engel, wenn er englisch spricht!

Trauriger Fall

Ein Mensch, der manches liebe Jahr
Mit seinem Weib zufrieden war,
Dann aber plötzlich Blut geleckt hat,
Denkt sich: »Varietas delectat –«
Und schürt sein letztes, schwaches Feuer
Zu einem wilden Abenteuer.
Jedoch bemerkt er mit Erbosen,
Daß seine alten Unterhosen
Ausschließlich ehelichen Augen
Zur Ansicht, vielmehr Nachsicht, taugen
Und daß gewiß auch seine Hemden
Ein fremdes Weib noch mehr befremden,
Daß, kurz, in Hose, Hemd und Socken
Er Welt und Halbwelt nicht kann locken.
Der Mensch, der innerlich noch fesche,
Nimmt drum, mit Rücksicht auf die Wäsche,
Endgültig Abschied von der Jugend
Und macht aus Not sich eine Tugend.

Weidmanns Heil

Ein Mensch, schon vorgerückt an Jahren,
Entschließt sich dennoch, Schi zu fahren
Und zwar, weil er einmal erfuhr,
Daß in der Freiheit der Natur
Die Auswahl oft ganz unbeschreiblich
An Wesen, welche erstens weiblich
Und zweitens, die verhältnismäßig
Sehr wohlgestalt und schöngesäßig.
Der Mensch beschließt, mit einem Wort,
Die Häschenjagd als Wintersport.
Doch was er trifft auf Übungshügeln,
Kann seine Sehnsucht nicht beflügeln.
Dort fällt ja stets, seit vielen Wintern,
Das gleiche Volk auf dicke Hintern.
Die Häschen ziehn zu seinem Schmerz
Sich immer höher alpenwärts,
Und sind auch leider unzertrennlich
Vereint mit Wesen, welche männlich.
Der Mensch, der leider nur ein Fretter
Und kein Beherrscher jener Bretter,
Die einzig hier die Welt bedeuten,
Vermag kein Häschen zu erbeuten,
Weshalb er, anstatt Schi zu laufen,
Ins Kurhaus geht, sich zu besaufen.

Erfreulicher Irrtum

Ein Mensch sieht an der Straßenecke
– wie *er* meint, zu verruchtem Zwecke! –
Ein Mädchen stehen, wohlgebaut ...
Doch ach, wie er nun näher schaut,
Hält dieses wunderschöne Mädchen
Starr in den Händen ein Traktätchen,
Daß es (statt seiner selbst) hält feil,
Um nichts besorgt als Seelenheil.
Der Mensch, bereit zur Sünde grad,
Schlägt ein den schmalen Tugendpfad,
Froh, daß dies Weib zu nichts verführe
Als zum Erwerbe der Broschüre.
Und lang noch dankt er dieser Frommen,
Daß er so billig weggekommen.

Optische Täuschung

Ein Mensch sitzt stumm und liebeskrank
Mit einem Weib auf einer Bank;
Er nimmt die bittere Wahrheit hin,
Daß sie zwar liebe, doch nicht ihn.
Ein andrer Mensch geht still vorbei
Und denkt, wie glücklich sind die zwei,
Die – in der Dämmrung kann das täuschen –
Hier schwelgen süß in Liebesräuschen.
Der Mensch in seiner Not und Schmach
Schaut trüb dem andern Menschen nach
Und denkt, wie glücklich könnt ich sein,
Wär ich so unbeweibt allein.
Darin besteht ein Teil der Welt,
Daß andre man für glücklich hält.

Versäumter Augenblick

Ein Mensch, der beinah mit Gewalt
Auf ein sehr hübsches Mädchen prallt,
Ist ganz verwirrt; er stottert, stutzt
Und läßt den Glücksfall ungenutzt.
Was frommt der Geist, der aufgespart,
Löst ihn nicht Geistesgegenwart?
Der Mensch übt nachts sich noch im Bette,
Wie strahlend er gelächelt hätte.

Guter Rat

Ein Mensch, der liebestoll, verzückt,
An seine Brust ein Mädchen drückt,
Spürt jäh ein Knittern und ein Knarren:
Ha! denkt er, das sind die Zigarren!
Und sein Gefühl entfernt sich weit
Von Liebe und von Zärtlichkeit.
Der Mensch mag Nietzsches Rat verfemen,
Zum Weib die Peitsche mitzunehmen;
Doch sicher wird ihm meiner passen:
Verliebt, Zigarrn daheim zu lassen!

Ein Erlebnis

Ein Mensch erblickt ein Weib von fern
Und säh es aus der Nähe gern.
Er eilt herbei zu diesem Zweck,
Doch zwischen beiden liegt ein Dreck.
Der Mensch, ganz Auge, anzubeten,
Ist blindlings da hineingetreten.
Nicht angenehm für seine Schuhe –
Doch gut für seine Seelenruhe.

Bühne des Lebens

Ein Mensch, von einem Weib betrogen,
Ergeht sich wüst in Monologen,
Die alle in dem Vorsatz enden,
Sich an kein Weib mehr zu verschwenden.
Doch morgen schon – was gilt die Wette? –
Übt wieder dieser Mensch Duette.

Das Stelldichein

Ein Mensch, der auf die Liebste lauert,
Muß merken, daß es lange dauert.
In finsterm Auf- und Niederstelzen
Fühlt er die Liebe langsam schmelzen.
Hingegen wächst im Hals ihm, knödlich,
Ein Haß, der grausam, ja, fast tödlich.
Bald plant er, dieses Weib in Wettern
Von Mannszorn kurzweg zu zerschmettern,
Bald, Mitleid mit sich selber spürend,
Ersinnt er Szenen, äußerst rührend.
Bald schwört er, spätestens in zehn
Minuten einfach wegzugehn ...
So sind die Weiber: unverläßlich!
Vielleicht ist sie verunglückt, gräßlich?
Stimmt Ort und Zeit denn überhaupt?
Die Lu hätt sich das nie erlaubt ...
Der Mensch – erkennt der Liebe Macht nur! –
Harrt aus von sechs Uhr bis halb acht Uhr.
Und jetzt, wo er schon raucht und brenzelt,
Da kommt sie hold herangeschwänzelt,
Sagt leichthin nur: »Entschuldigung!«
Der Mensch, ganz Glück und Huldigung,
Hat still, von ihrem Blick gebändigt,
Den Blumenstrauß ihr ausgehändigt.

Einsicht

Ein Mensch, ein liebesselig-süßer,
Erfährt, daß er nur Lückenbüßer
Und die Geliebte ihn nur nahm,
Weil sie den andern nicht bekam.
Trotzdem läßt er sich's nicht verdrießen,
Das Weib von Herzen zu genießen.
Es nehmen, die auf Erden wandern,
Ja alle einen für den andern.

Der Mensch, noch eben prall vor Wut,
wird weltversöhnt und herzensgut

Halb-so-Schlimmes und
Nur-beinah-Mißglücktes

Der Tischnachbar

Ein Mensch muß – und er tuts nicht gern –
Mit einem ixbeliebgen Herrn
Sich unterhalten längre Frist,
Weil der bei Tisch sein Nachbar ist.
Ein Unmensch offenbar, der jeden
Versuch, gescheit mit ihm zu reden
– seis Politik, seis Sport, seis Kunst –
Vereitelt: er hat keinen Dunst!
Der Mensch, sonst munter wie ein Zeisig,
Hüllt sich bereits in Schweigen, eisig.
Da fällt in diese stumme Pein
Das Stichwort: Hinterkraxenstein!
Das Dörflein, wo vor Tag und Jahr
Der Mensch zur Sommerfrische war.
Der Herr, sonst dumm und unbelesen,
Ist gar erst heuer dort gewesen!
Ja, was ist das?! Dann kennen Sie
– natürlich! – und nun nennen sie
Den Förster und den Bürgermeister,
Den Apotheker – na, wie heißt er?
Und vor dem geistigen Auge beider
Ersteht der Lammwirt und der Schneider,
Der Schuster mit dem schiefen Bein –
Wahrhaftig, ist die Welt doch klein!
Und köstlich ist die Zeit verflossen
Mit diesem prächtigen Tischgenossen!

Entscheidungen

Ein Mensch, der für den Fall, er müßte,
Sich – meint er – nicht zu helfen wüßte,
Trifft doch den richtigen Entschluß
Aus tapferm Herzen: denn er *muß*!
Das Bild der Welt bleibt immer schief,
Betrachtet aus dem Konjunktiv.

Seelische Gesundheit

Ein Mensch frißt viel in sich hinein:
Mißachtung, Ärger, Liebespein.
Und jeder fragt mit stillem Graus:
Was kommt da wohl einmal heraus?
Doch sieh! Nur Güte und Erbauung.
Der Mensch hat prächtige Verdauung.

Nordsee

Der Fremdling kommt. Er ist gespannt.
Was sieht er? Sand und wieder Sand.
Der Kitsch der Welt begegnet ihm
Hier ausgesprochen maritim.
Ob rechter Weg, ob linker Weg,
Es ist der gleiche Klinkerweg.
Und hier soll er drei Wochen bleiben?
Wie soll er sich die Zeit vertreiben?
Soll er sich einen Strandkorb chartern?
Sich gar mit Burgenbauen martern?
Er fühlt sich über die erhaben,
Die eifervoll im Sande graben.
Am zweiten Tag, als Stundenschmelzer,
Holt er hervor den dicken Wälzer,
Doch schaut er, durch und durch versandet,
Bald nur noch, wie die Woge brandet.
Am dritten – wie ein Teufelchen
Gräbt selbst er mit dem Schäufelchen
Und hat am vierten sich, als Gast,
Schon ganz der Umwelt angepaßt.
Die Zeit, der Sand, die Welle rinnt:
Der Mensch wird unversehns zum Kind
Und heult auch wie ein Kind zum Schluß,
Unglücklich, weil's nach Hause muß.

Verdächtigungen

Ein Mensch schwatzt lieb mit einem zweiten –
Ein dritter geht vorbei von weiten.
Der erste, während sie den biedern
Gruß jenes dritten froh erwidern,
Läßt in die Unterhaltung fließen:
»Der ist mit Vorsicht zu genießen!«
Sie trennen sich: der zweite trifft
Den dritten – und verspritzt sein Gift:
»Der Herr, mit dem ich grad gewandelt,
Mit Vorsicht, Freund, sei der behandelt!«
Der erste, wie sich Zufall häuft,
Nun übern Weg dem dritten läuft,
Der, auf den zweiten angespielt,
Die höchste Vorsicht anempfiehlt,
So daß, in Freundlichkeit getarnt,
Vor jedem jeder jeden warnt.
Die Vorsicht ist, zum Glück, entbehrlich:
Denn alle drei sind ungefährlich!

Geduldsprobe

Ein Mensch, der auf die Trambahn wartet,
Hälts für ein Spiel, das abgekartet,
Ja, für die Bosheit der Erinnyen,
Daß immer kommen andre Linien.
Schon droht im Rinnen der Minuten
Er sich tief innen zu verbluten,
Da leuchten endlich in der Ferne
Die heißersehnten Lichter-Sterne.
Der Mensch, noch eben prall vor Wut,
Wird weltversöhnt und herzensgut.
Er setzt sich, aufgelöst in Schwäche.
Die Seele steigt zur Oberfläche
Und plätschert selig über ihn –
Bis jäh der Schaffner fragt: »Wohin?«

Beinahe

Ein Reisender in Afrika
Zwar Löwen weit und breit nicht sah,
Doch gierig, selbst sich zu verhelden,
Will er zu Hause trotzdem melden,
Ihn hätten – was ihm alle gönnen –
Leicht echte Löwen fressen können.
Der Kranke, dem fast nichts gefehlt,
Ist oft vom gleichen Drang beseelt;
Und er erzählt voll Schauderwonnen,
Wie knapp er nur dem Tod entronnen.
Der Arzt hats selbst ihm angedeutet:
Fast hätt man ihn zu Grab geläutet.
In diesem würde er jetzt liegen,
Wärs Fieber *noch* zwei Grad gestiegen.
Und seine Grabschrift könnt man lesen,
Wär nicht sein Herz so stark gewesen.
Man hätte ihn hinausgetragen,
Hätt Gelbsucht sich dazugeschlagen.
Und längst läg er im kühlen Bette,
Wenn gar versagt die Niere hätte.
Er hätte müssen in die Erden,
Wärn auch gekommen Milzbeschwerden …
Wir schmunzeln nur in diesem Falle:
So beinah starben wir schon alle!

»Des einen Eul«, gilts wieder mal,
»ist oft des andern Nachtigall!«

Schwarzseher und Glückspilze

Platzwahl

Ein Mensch, am Zuge vor der Zeit,
Trifft leere Wagen weit und breit.
Er setzt sich hier, er setzt sich dort
Und geht dann zögernd wieder fort.
Bald ist ihm dies, bald das nicht recht:
Der beste Platz ist ihm zu schlecht.
Nachdem er alles scharf beäugt,
Ist er nun gramvoll überzeugt
– und auf der ganzen Fahrt gequält –,
Er habe doch nicht gut gewählt.
Ein andrer Mensch kommt spät, verhetzt:
Der Zug ist übervoll besetzt.
Doch sieh: ein Plätzchen ist noch frei!
Der Mensch tut einen Jubelschrei
Und zwängt, durchströmt von solchem Glücke,
Sich kurzentschlossen in die Lücke.
Er freut sich auf der ganzen Fahrt,
Daß Gott sie für ihn aufgespart.

Unterschied

Ein Mensch fand wo ein heißes Eisen
Und, um das Sprichwort zu erweisen,
Ließ er sich durchaus nicht verführen,
Das heiße Eisen anzurühren.
Ein andrer Mensch, auch sprichwortkundig,
Nahm die Gelegenheit für pfundig,
Zum Hammer griff er und zur Zange
Und schmiedete drauf los, so lange
Das Eisen warm war – und grad diesen
Hat man, als Glücksschmied, hochgepriesen.
Der Wahrheit drum sich jeder beuge:
's hängt alles ab vom Handwerkszeuge!

Haltung

Weh dem, der unterwegs geneppt,
Den Ärger ständig mit sich schleppt!
Was Du bezahlt, verdau's auch seelisch,
Statt daß Du's wiederkäust, krakeelisch.
Im Omnibus von Tegernsee
Dem schlechten, teueren Kaffee
Noch nachzuzählen seine Bohnen
Bis München, dürfte kaum sich lohnen;
Die schöne Strecke Innsbruck-Wörgel
Sich zu verderben durch Genörgel:
»Zwölf Schilling für den Schlangenfraß!«
Ist auf die Dauer auch kein Spaß.
Seht dort die Landschaft: wie im Märchen!
Drin – offenbar! – ein Liebespärchen.
Oh dürften wir den Worten lauschen,
Die diese zwei – vermutlich – tauschen!
Doch nein! der Mann verdrossen spricht:
»Gut war die Wurst in Garmisch nicht!«
Drauf sie, ins Farbenspiel versunken,
»Die hat ja beinah schon gestunken!«
Nun beide, dumpf ins Abendfeuer:
»Und dabei unverfroren teuer!«
Der Mann, bezwingend sich mit Mühe,
Stellt fest, wie schön es alpenglühe.
Doch sie, nicht zum Verzeihn noch willig:
»Hier kriegt man überhaupt nichts billig!«
An Wurstvergiftung geht zugrunde
Die große Sonnen-Abschieds-Stunde.

Für Vorsichtige

Ein Mensch ist ahnungsvoll und klug:
Er wittert überall Betrug.
Und grad, was scheinbar leicht zu packen –
Schau an, das Ding hat seinen Haken!
Doch lernt der Mann aus manchem Fall:
Der Haken sitzt nicht überall.
Denn immer wieder sieht er Leute
Recht sicher abziehn mit der Beute.
Der Mensch beim nächsten fetten Happen
Entschließt sich, herzhaft mitzuschnappen
Und freut sich über den Gewinn –
Denn sieh, es war kein Haken drin ...
Wahrhaftig nicht? Wer kanns verbürgen?
Der arme Mensch fängt an zu würgen
Bis er aus Angst den Brocken spuckt,
Den fetten, statt daß er ihn schluckt.
Ja, dem, der an den Haken glaubt,
Ist, anzubeißen, nicht erlaubt!

Gegensätze

Ein Mensch, zu reisen um halb zehn,
Beschließt, um sechs Uhr aufzustehn,
Damit er sich nicht hetzen muß:
Gemütlichkeit ist ihm Genuß!
Er blödelt hier, er trödelt dort –
Er braucht ja lange noch nicht fort!
Er trinkt Kaffee und liest in Ruh
Sein Blättchen – er hat Zeit dazu!
Zeit? Höchste Zeit, daß er sich schleune:
Denn plötzlich sieht er, fast ists neune!
Doch wie er sich auch jetzt noch tummelt –
Zu spät: er hat den Zug verbummelt!
Ein andrer Mensch, der leider glatt
Die Aufstehfrist verschlafen hat,
Wacht auf, sieht auf den ersten Blick
Das äußerst drohende Geschick,
Reißt sich zusammen, und geschwind
Braust auf die Bahn er, wie der Wind,
Erwischt den Zug, wenn auch nur knapp,
Und fährt, ein Sieger, glücklich ab.
Wir hoffen, daß Ihr selbst es wißt,
Daß dies ein Lebens-Gleichnis ist.

Je nachdem

Ein Mensch sagt bitter: »Weiß Gott, wo!«
Ein andrer, milde: »Gott weiß, wo!«
Durch sprachlich kleinsten Unterschied
Getrennt man ganze Welten sieht.

Das Bessere

Ein Mensch denkt logisch, Schritt für Schritt.
Jedoch, er kommt nicht weit damit.
Ein andrer Mensch ist besser dran:
Er fängt ganz schlicht zu glauben an.
Im Staube bleibt Verstand oft liegen –
Der Glaube aber kann auch fliegen!

Zweierlei

Ein Mensch – man sieht, er ärgert sich –
Schreit wild: Das ist ja lächerlich!
Der andre, gar nicht aufgebracht,
Zieht draus die Folgerung und – lacht.

Die Zugverspätung

Ein Mensch im Zug nach Frankfurt (Main)
– um vierzehn-vier sollt er dort sein –
Wird schon in seinem Hoffen schwach:
Er ist noch nicht in Offenbach!
Verspätung – eine Viertelstunde!
Des Menschen Plan geht vor die Hunde!
Er kriegt den Anschluß nicht nach Wimpfen.
Gewaltig fängt er an zu schimpfen.
Ein andrer Mensch, zum Bahnhof laufend,
In Offenbach, zerschwitzt und schnaufend,
Verliert den letzten Hoffnungsschimmer:
Den Zug nach Frankfurt kriegt er nimmer!
Doch wie Musik tönts an der Sperr':
»Heut ists nicht eilig, lieber Herr!
Der Zug kommt heute später an!«
Der Mensch lobt laut die Eisenbahn.
»Des einen Eul«, gilts wieder mal,
»Ist oft des andern Nachtigall!«

Glückssachen

Hier steht ein Wanderer und flucht:
Er hats im »Roß«, im »Lamm« versucht,
Hat sich erkundigt, ob im »Bären«
Noch Zimmer zu vermieten wären,
Hat seine Koffer, schlecht und recht,
Geschleppt zum »Adler« und zum »Hecht«,
Ihm schwants, daß man wohl auch im »Schwan«
Ihm kein Quartier mehr biete an.
Nun sehn wir den schon nicht mehr Wirschen
Heran sich an den »Hirschen« pirschen –
Umsonst die Müh des armen Manns:
's war eine Ente mit der »Gans«!
Ein anderer Gast tritt vor der »Gemse«
Ganz selbstverständlich auf die Bremse
Und fragt, ob hier ein Zimmer frei,
Und man sagt freundlich: Ja, das sei!
Leicht hört man die Moral hier traben:
»Glück muß man auch auf Reisen haben!«

*Er sagt, vergessend seine Eile,
zum schönen Augenblick: »Verweile!«*

Lebenskünstler und Momentgenießer

Der Lebenskünstler

Ein Mensch am Ende seiner Kraft,
Hat sich noch einmal aufgerafft.
Statt sich im Schmerze zu vergeuden,
Beschließt er, selbst sich zu befreuden
Und tut dies nun durch die Erdichtung
Von äußerst peinlicher Verpflichtung.
So ist ihm Reden eine Qual.
Sitzt er nun wo als Gast im Saal,
Befiehlt er streng sich in den Wahn,
Er käm jetzt gleich als Redner dran,
Macht selber Angst sich bis zum Schwitzen –
Und bleibt dann glücklich lächelnd sitzen.
Dann wieder bildet er sich ein,
Mit einem Weib vermählt zu sein,
Das trotz erbostem Scheidungsrütteln
Auf keine Weise abzuschütteln.
Wenn er die Wut, daß sie sich weigert,
Bis knapp zum Mord hinaufgesteigert,
So lacht er über seine List
Und freut sich, daß er ledig ist.
Der Mensch, ein bißchen eigenwillig,
Schafft so sich Wonnen, gut und billig.

Briefe, die ihn nicht erreichten ...

Ein Mensch denkt oft mit stiller Liebe
An Briefe, die er gerne schriebe.
Zum Beispiel: »Herr! Sofern Sie glauben,
Sie dürften alles sich erlauben,
So teil ich Ihnen hierdurch mit,
Daß der bewußte Eselstritt
Vollständig an mir abgeprallt –
Das weitere sagt mein Rechtsanwalt!
Und wissen Sie, was Sie mich können? ...«
Wie herzlich wir dem Menschen gönnen,
An dem, was nie wir schreiben dürfen,
Herumzubasteln in Entwürfen.
Es macht den Zornigen sanft und kühl
Und schärft das deutsche Sprachgefühl.

Gut gedrillt

Ein Mensch steht stumm, voll schlechter Laune,
An einem hohen Gartenzaune
Und müht sich mit gestreckten Zehen,
In dieses Paradies zu sehen
Und schließt aus dem erspähten Stück:
Hier wohnt der Reichtum, wohnt das Glück.
Der Sommer braust im hohen Laub,
Der Mensch schleicht durch den Straßenstaub
Und denkt, indes er sich entfernt,
Was in der Schule er gelernt:
Daß bloßer Reichtum nicht genügt,
Indem daß oft der Schein betrügt.
Der Mensch ist plötzlich so bewegt,
Daß Mitleid heiß sich in ihm regt
Mit all den armen reichen Leuten –
Er weiß es selber kaum zu deuten.
Doch wir bewundern wieder mal
Dies Glanzdressurstück der Moral.

Der Bummelzug

Ein Mensch, wie aus dem Ei gepellt
– man sieht sofort, ein Mann von Welt –,
Steht nun, seit fünf Minuten schon,
Auf einer kleinen Station,
Und denkt, voll Zorn bis in die Nas':
»Ha! Nur in Bayern gibts so was!«
Jetzt endlich streckt, auf sein Geklopf,
Der Mann zum Schalter raus den Kopf.
»'s pressiert net!« sagt er zu dem Herrn.
»Der Zug? Nach sechse kommt er gern.«
Und rät ihm, menschlich, voll Vertrauen,
Derweil die Gegend anzuschauen.
Der Mensch, zur Wut selbst zu verdutzt,
Hat unversehns den Rat genutzt
Und sieht, als wärs zum erstenmal,
Im Abendglühen Berg und Tal;
Er sagt, vergessend seine Eile,
Zum schönen Augenblick: »Verweile!«
Und schaut sogar der braven Kuh
Voll Andacht bei verschiednem zu …
Von fern Geschnauf und Ratter-Ton –
Der Mensch denkt ganz verzaubert: »Schon?«
Und nimmt kaum wahr, geschweige übel,
Die Trödelei der Millikübel.
Ein letzter Blick – ein Pfiff – und munter
Gehts weiter, wald- und nachthinunter.
Der Mensch, gezwungen so zum Feiern,
Träumt oft noch von dem Tag in Bayern.

Die Torte

Ein Mensch kriegt eine schöne Torte.
Drauf stehn in Zuckerguß die Worte:
»Zum heutigen Geburtstag Glück!«
Der Mensch ißt selber nicht ein Stück,
Doch muß er in gewaltigen Keilen
Das Wunderwerk ringsum verteilen.
Das »Glück«, das »heu«, der »tag« verschwindet,
Und als er nachts die Torte findet,
Da ist der Text nur mehr ganz kurz.
Er lautet nämlich nur noch: .. »burts« ..
Der Mensch, zur Freude jäh entschlossen,
Hat diesen Rest vergnügt genossen.

Ein Geheimnis

Unheimlich – doch wer merkt das schon? –
Ist oft des Reisens Präzision.
Genau, wie Du's vorausgesehn,
Am dritten Mai, um sechs Uhr zehn
Steigst Du, in München etwa, ein,
Um mitternachts in Rom zu sein.
Und so gehts weiter, Schlag auf Schlag,
Programmgemäß, von Tag zu Tag.
Du bist erstaunt, wie alles klappt,
Sobald Du nur Dein Geld berappt.
Auf keine Schwierigkeit Du stößt:
Dein Reisescheck wird eingelöst,
In Ordnung ist Dein Schiffsbillett,
Bereit das vorbestellte Bett,
Der Omnibus fährt pünktlich so,
Wie mans versprochen im Büro,
Und wer sich nicht grad saudumm stellt,
Kommt ohne Stocken durch die Welt.
Halt, halt! Nur nicht zu früh frohlocken:
Just in Trapani bleibst Du hocken,
Doch eingeholt noch vom Geschick!
Schief geht – ab diesem Augenblick –
Jetzt alles, ebenso exakt …
Ein Dämon bracht Dich aus dem Takt.
Vielleicht geschahs zu unserm Heil:
Denn just der zweite Reiseteil,
Den durchzustehn mitunter gräßlich,
Bleibt uns fürs Leben unvergeßlich!

Das Sprungbrett

Ein Mensch, den es nach Ruhm gelüstet,
Besteigt, mit großem Mut gerüstet,
Ein Sprungbrett – und man denkt, er liefe
Nun vor und spränge in die Tiefe,
Mit Doppelsalto und dergleichen
Der Menge Beifall zu erreichen.
Doch läßt er, angestaunt von vielen,
Zuerst einmal die Muskeln spielen,
Um dann erhaben vorzutreten,
Als gälts, die Sonne anzubeten.
Ergriffen schweigt das Publikum –
Doch er dreht sich gelassen um
Und steigt, fast möcht man sagen, heiter
Und vollbefriedigt von der Leiter.
Denn, wenn auch scheinbar nur entschlossen,
Hat er doch sehr viel Ruhm genossen,
Genau genommen schon den meisten –
Was soll er da erst noch was leisten?

Beinahe

Ein Mensch ist höchst darob erbost:
Beinahe – ists nicht Hohn, statt Trost? –
Hätt er fürs Lotto recht gewählt.
Nur eine Ziffer war verfehlt.
Wüst klagt der Mensch das Schicksal an,
Das diesen Tort ihm angetan.
Dem Menschen, der geschimpft so dreist,
Erscheint das Schicksal, nachts, als Geist:
»Soll ich mich von Dir schelten lassen?
Willst ›beinah‹ Du nicht gelten lassen?
Dein Glück, Dein Leben wär verspielt,
Hätt ich genau auf Dich gezielt.«
Seitdem trägts still der Mensch im Leben,
Geht einmal haarscharf was – daneben.

Die Verzögerungstaktik

Ein Mensch voll Lebensüberdruß
Sagt zu sich selbst: »Jetzt mach ich Schluß!«
Jedoch er findet tausend Gründchen,
Zu warten noch ein Viertelstündchen.
Die Gründchen sammeln sich zum Grunde:
Er schiebts hinaus noch eine Stunde.
Kann er noch sterben, wann er mag,
Hats auch noch Zeit am nächsten Tag.
Zuletzt hat er sich fest versprochen,
Sich zu gedulden ein, zwei Wochen.
Und schau: Das Seelentief zog weiter –
Seit Jahren lebt er wieder heiter …

Lebenskunst

Ein Mensch bewahrt, obwohl gescheit,
Sich seine Seelen-Dunkelheit.
Strömt dann das Gnadenlicht herein,
So gibt es doppelt hellen Schein:
Ein hohes Glück, das nie erfährt
Ein Unmensch, längst schon aufgeklärt.

Ein Ausweg

Ein Mensch, der spürt, wenn auch
 verschwommen,
Er müßte sich, genau genommen,
Im Grunde seines Herzens schämen
Zieht vor, es nicht genau zu nehmen.

Ergänzung

So manchen heimlich bedrücken
Die scheußlichen Bildungslücken.
Doch er rechnet drauf dreist,
Daß Du auch nicht viel weißt:
So können Gespräche oft glücken.

*Ein Mensch hat draußen nicht viel Glück,
er zieht sich in sich selbst zurück*

Bescheidenheit und Seelenfriede

Bescheidenheit

Ein Mensch möcht erste Geige spielen –
Jedoch das ist der Wunsch von vielen,
So daß sie gar nicht jedermann,
Selbst wenn ers könnte, spielen kann:
Auch Bratsche ist für den, ders kennt,
Ein wunderschönes Instrument.

Bescheidenes Glück

Der Großstadt-Mensch, wie er lahm schleicht,
Kaum lächelnd, weil nie sein Gram weicht.
Doch selig entrunzelt
Er sich und schmunzelt,
Wenns knapp noch zur letzten Tram reicht.

Der Zufriedene

Ein Mensch fährt glücklich zu den Toten:
Ihm reichts, was ihm die Welt geboten.
Nie dacht' er dran – was wir ihm gönnen! –
Was sie ihm hätte bieten können!

Man wird bescheiden

Ein Mensch erhofft sich fromm und still,
Daß er einst das kriegt, was er will.
Bis er dann doch dem Wahn erliegt
Und schließlich das will, was er kriegt.

Der Pfründner

Ein Mensch hat draußen nicht viel Glück.
Er zieht sich in sich selbst zurück;
Zu keinem Aufwand mehr verpflichtet,
Doch seelisch sehr gut eingerichtet,
Führt er seitdem behaglich dort
Ein Innenleben mit Komfort.

Grenzfall

Ein Mensch war eigentlich ganz klug
Und schließlich doch nur klug genug,
Um einzusehen, schmerzlich klar,
Wie blöd er doch im Grunde war.
Unselig zwischen beiden Welten,
Wo Weisheit und wo Klugheit gelten,
Ließ seine Klugheit er verkümmern
Und zählt nun glücklich zu den Dümmern.

Eitler Wunsch

Ein Mensch, der einen Glückspilz sieht,
Dem alles ganz nach Wunsch geschieht,
Verlangt vom lieben Gott das gleiche,
Daß er auch mühelos erreiche
Die schönen Sachen dieser Welt.
Und Gott, dem zwar der Wunsch mißfällt,
Beschließt in seinem wunderbaren
Ratschluß, ihm scheinbar zu willfahren.
Der Mensch, der sonst mit Herzenskräften
Und stark gebrauten Seelensäften
Der spröden Welt das abgewonnen,
Was sie zu schenken nicht gesonnen,
Spürt jäh, wie sehr er sich auch stemmt,
Vom Glanz der Welt sich überschwemmt.
Das ganze Bollwerk der Gedanken
Beginnt vor diesem Schwall zu schwanken,
Mühsam gehegte Herzensfrucht
Reißt wild mit sich die Wogenwucht.
In solcher Not wird es ihm klar,
Wie töricht sein Verlangen war.
Von nun an lebt er höchst bescheiden
Im Rebenhag der eignen Leiden
Und keltert sich, in milder Sonne
Gereift, den Wein der eignen Wonne.

*Rezept: Trag lieber gleich mit Lust,
was Du doch schließlich tragen mußt*

Ratschläge und Fingerwinke

Warnung

Des lieben Gottes Möglichkeiten,
Uns Schmerz und Ängste zu bereiten,
Seis eingeweidlich, gliedlich, köpflich,
Sind wahrlich reich, ja unerschöpflich.
Gefährlich ists, sich zu beklagen,
Das Leben sei nicht zu ertragen.
Denn er beweist es Dir im Nu:
Du trägsts – und Zahnweh noch dazu –
Und fühlst erlöst Dich ganz bestimmt,
Wenn er es wieder von Dir nimmt.
Es scheint Dir nunmehr leichte Last,
Was vordem Du getragen hast.
Rezept: Trag lieber gleich mit Lust,
Was Du doch schließlich tragen mußt.

Rat

Schau in die Welt so vielgestaltig,
Sorgfältig, doch nicht sorgenfaltig!

Die andern

Du möchtest gern alleine wandern –
Doch ständig stören Dich die andern.
Auch Du bist – das bedenke heiter! –
Ein andrer andern, und nichts weiter.

Beherzigung

Im Seelenkampf mit allzu Schwierigen,
Schon Deine Nerven, nicht die ihrigen!

Verkannte Kunst

Ein Mensch, der sonst kein Instrument,
Ja, überhaupt Musik kaum kennt,
Bläst Trübsal – denn ein jeder glaubt,
Dies sei auch ungelernt erlaubt.
Der unglückselige Mensch jedoch
Bläst bald auch auf dem letzten Loch.
Dann ists mit seiner Puste aus,
Und niemand macht sich was daraus.
Moral: Ein Trübsalbläser sei
Ein Meister, wie auf der Schalmei.

Ärger

Es gilt, just bei nervösen Leiden,
Aufregung aller Art zu meiden;
Besonders, wie der Doktor rät,
Vorm Schlafengehen, abends spät.
Noch mehr fast, fleht er, gib Dir Müh,
Dich nicht zu ärgern in der Früh.
Und, bitte, ja nicht zu vergessen:
Niemals vorm, beim und nach dem Essen.
Wer streng zu folgen ihm, bereit,
Hat, sich zu ärgern, kaum mehr Zeit.

*Er ärgert sich tot –
so endet die Not*

Radikale Methoden und finale Strategien

Das Opfer

Ein Mensch sitzt still ... still ruht der See.
Dem Menschen tut das Herz so weh,
Weil Liebesleid und Radioklimpern
Oft treibt die Tränen in die Wimpern ...
Doch horch! da naht sich eine Schnake,
Setzt sich dem Menschen auf die Backe,
Der höchst gespannt und voller List
Nun harrt, bis sie am Werke ist.
Dann schlägt er zu, sich selbst nicht schonend
Und siehe, dieser Schlag war lohnend.
Der Mensch, der heiter das Insekt
Zerquetscht an seiner Hand entdeckt,
Nun obendrein noch wüst beschimpft
Das Vieh, das schmerzhaft ihn geimpft.
Obgleich er einzig *ihm* verdankt,
Daß er nicht seelisch schwer erkrankt:
Die Untat nämlich, blutig-roh,
Die macht ihn wieder lebensfroh.

Für Notfälle

Das Fluchen ist an sich nicht schicklich –
Doch manchmal hilft es, augenblicklich.

Ein Ausweg

Ein Mann sucht wie irr einen Parkplatz;
Doch findet er nicht auch nur karg Platz.
Er ärgert sich tot –
So endet die Not:
Jetzt hat er zumindest im Sarg Platz.

Scheintod

Im Lauf der Zeit wird man oft mürbe,
So daß man gar nicht ungern stürbe
Und, ohne weitre Schicksalsschläge,
Nun mausetot im Sarge läge.
Doch ist das Nicht-Gefühl von Leichen
Im voraus niemals zu erreichen.
Nicht mausetot, nur mäuschenstill,
Lieg wer im Bett, so steif er will,
Such seinen Atem anzuhalten
Und alles Denken auszuschalten –
Es ist umsonst: denn er erkennt,
Wie streng sich Sein und Nichtsein trennt,
Weil man, um in des Tods Genuß
Zu kommen, wirklich sterben muß.
Und doch, in Zeiten, also trüben,
Sollt man das Tot-Sein manchmal üben,
Und sich erfreun am Konjunktive,
Wie's wäre, wenn man ewig schliefe.
Denn, wer sich richtig totgestellt,
Lebt wieder freier auf der Welt.

Schönheits-Chirurgie

Sei's, daß Du nur ein Wimmerl hast,
Sei's, daß Dir Deine Nas nicht paßt,
Daß Kinn und Wange Dir zu faltig,
Daß Dir Dein Busen zu gewaltig –
Kurz, daß Natur Dir was verweigert,
Beziehungsweise grob gesteigert,
Brauchst in der Neuzeit, der bequemen,
Du das nicht einfach hinzunehmen.
Es bleiben schließlich nur die Affen
So häßlich, wie sie Gott erschaffen –
Die Ärzte so uns modeln sollen,
Wie Gott uns hätte schaffen wollen.

*Unfroh bleibt,
wer froh sein muß*

Chronisches Pech und hoffnungslose Fälle

Neuer Bazillus

Es fanden die Bazillen-Jäger
Den neuen Ärgernis-Erreger!
Derselbe kündet andern laut,
Wie trüb er in die Zukunft schaut
Und wie es demnächst auf der Erde
Bestimmt ganz scheußlich zugehn werde.
Die andern davon überzeugt,
Stehn kummervoll und tief gebeugt.
Doch der Bazill, persönlich heiter,
Wirkt, überaus befriedigt, weiter!

Leider

Ein Mensch sieht schon seit Jahren klar:
Die Lage ist ganz unhaltbar.
Allein – am längsten, leider, hält
Das Unhaltbare auf der Welt.

Der Pechvogel

Ein Mensch, vom Pech verfolgt in Serien
Wünscht jetzt sich von den Furien Ferien.
Er macht, nicht ohne stillen Fluch,
Ein dementsprechendes Gesuch.
Jedoch wird, wie so oft im Leben
Dem höhern Orts nicht stattgegeben.
Begründung: »Wechsel sich nicht lohnt,
Wir sind den Menschen schon gewohnt.«

Vergebliches Heldentum

Ein Mensch, sonst von bescheidnem Glücke,
Merkt plötzlich, daß mit aller Tücke
Aushungern ihn das Schicksal will:
Es wird um ihn ganz seltsam still,
Die kleinsten Dinge gehn ihm schief,
Die Post bringt nie mehr einen Brief,
Es schweigt sogar das Telefon,
Die Freunde machen sich davon,
Die Frauen lassen ihn allein,
Der Steuerbote stellt sich ein,
Ein alter Stockzahn, der links oben,
Fängt unvermutet an zu toben,
Ein Holzschnitt, für viel Geld erworben,
Ist, wie er jetzt erst merkt, verdorben
Und auch kein echter Toyokuni:
Es regnet, hagelt, schneit im Juni,
Die Zeitung meldet schlimme Sachen,
Kurzum – der Mensch hat nichts zu lachen.
Er lacht auch nicht. Jedoch er stellt
Dem tückischen Schicksal sich als Held:
Auf Freund und Frau verzichtet er,
Das Telefon vernichtet er,
Umgehend zahlt er seine Steuer,
Den Holzschnitt wirft er in das Feuer
Und reißen läßt er sich den Zahn:
Was menschenmöglich, ist getan.
Und trotzdem geht es schlimm hinaus:
Das Schicksal hält es länger aus.

Patent

Der Kranke greift zur Medizin,
Froh überzeugt, sie heile ihn.
Doch ist sie leider, gleich der Nuß,
Gebannt in den Patentverschluß.
Der Ärmste plag sich, wie er mag:
Geheimnisvoll am lichten Tag
Läßt sich mit Hebeln nicht und Schrauben
Die Büchse ihren Inhalt rauben.
Hätt er die Medizin genommen,
Der Kranke wär davon gekommen.
Doch starb er noch in selber Nacht:
Er hat das Dings nicht aufgebracht.

Unerwünschte Belehrung

Ein Mensch, dems ziemlich dreckig geht,
Hört täglich doch, von früh bis spät,
Daß ihm das Schicksal viel noch gönnte
Und er im Grunde froh sein könnte;
Daß, angesichts manch schwerer Bürde
Noch der und jener froh sein würde,
Daß, falls man etwas tiefer schürfte,
Er eigentlich noch froh sein dürfte;
Daß, wenn genau mans nehmen wollte,
Er, statt zu jammern, froh sein sollte,
Daß, wenn er andrer Sorgen wüßte,
Er überhaupt noch froh sein müßte.
Der Mensch, er hört das mit Verdruß,
Denn unfroh bleibt, wer froh sein muß.

Theorie und Praxis

Wir hörens allenthalben preisen:
Das wahre Glück blüht nur den Weisen.
Die Folgerung daraus ist die:
Man werde weise! – Aber wie?

Zwecklos

Ein Mensch hört gern in Zeit, in trüber,
Den Trost, dies alles geh vorüber.
Doch geht dabei – das ist es eben! –
Vorüber auch sein kurzes Leben …

*Das Leben ist ein alter Brauch,
und andere Leute leben auch*

Schwacher Trost und starker Zuspruch

Wer weiß?

Ein Mensch schreibt feurig ein Gedicht:
So, wie's ihm vorschwebt, wird es nicht.
Vielleicht hat Gott sich auch die Welt
Beim Schöpfen schöner vorgestellt.

Das Leben

Das Leben wäre doppelt schwer,
Käms einfach nicht von selbst daher.
Eh wir recht ahnen, was es sei,
Geht es zum Glück auch selbst vorbei ...

Trost

Ein Mensch, entschlußlos und verträumt,
Hat wiederholt sein Glück versäumt.
Doch ist der Trost ihm einzuräumen:
Man kann sein Unglück auch versäumen.

Gegen Aufregung

Wen Briefe ärgern, die er kriegt,
Dem sei, auf daß sein Zorn verfliegt,
Genannt ein Mittel, höchst probat,
Das manchem schon geholfen hat.
Er suche sich aus alten Akten
Die schon erledigt weggepackten
Droh-, Schmäh-, Mahn-, Haß- und Liebesbriefe,
Die schliefen in Vergessenstiefe:
Beschwichtigt alles und berichtigt,
Entzichtigt, nichtig und entwichtigt!
So wird die Zeit mit dem bald fertig,
Was gegen-, vielmehr widerwärtig.
Ad acta wirst auch Du gelegt
Samt allem, was Dich aufgeregt.

Lebensangst

Oft hat man schrecklich Angst vorm Leben,
Doch mit der Zeit wird sich das geben!
Das Leben ist ein alter Brauch,
Und andere Leute leben auch,
Obwohl sies eigentlich nicht können –
Rezept: Der bösen Welt nicht gönnen,
Daß sie verächtlich auf uns schaut!
Nur frisch der eignen Kraft vertraut!
Am Leben krankt nur, wer gescheit –
Gesunde Dummheit, die bringts weit!

Für Moralisten

Ein Mensch hat eines Tags bedacht,
Was er im Leben falsch gemacht,
Und fleht, genarrt von Selbstvorwürfen,
Gutmachen wieder es zu dürfen.
Die Fee, die zur Verfügung steht,
Wenn sichs, wie hier, um Märchen dreht,
Erlaubt ihm dann auch augenblicks
Die Richtigstellung des Geschicks.
Der Mensch besorgt dies äußerst gründlich,
Merzt alles aus, was dumm und sündlich.
Doch spürt er, daß der saubern Seele
Ihr innerlichstes Wesen fehle,
Und scheußlich gehts ihm auf die Nerven:
Er hat sich nichts mehr vorzuwerfen,
Und niemals wird er wieder jung
Im Schatten der Erinnerung.
Dummheiten, fühlt er, gibts auf Erden
Nur zu dem Zweck, gemacht zu werden.

Inhalt

Ein Mensch sieht sich auf dieser Welt
vor mehr als ein Problem gestellt

Kleine Krisen und Katastrophen

7

Ein Mensch erblickt ein Weib von fern
und säh es aus der Nähe gern

Lust und Frust

19

Der Mensch, noch eben prall vor Wut,
wird weltversöhnt und herzensgut

Halb-so-Schlimmes und Nur-beinah-Mißglücktes

31

»Des einen Eul«, gilts wieder mal,
»ist oft des andern Nachtigall!«

Schwarzseher und Glückspilze

39

Er sagt, vergessend seine Eile,
zum schönen Augenblick: »Verweile!«

Lebenskünstler und Momentgenießer

49

Ein Mensch hat draußen nicht viel Glück,
er zieht sich in sich selbst zurück

Bescheidenheit und Seelenfriede

Rezept: Trag lieber gleich mit Lust,
was Du doch schließlich tragen mußt

Ratschläge und Fingerwinke

Er ärgert sich tot –
so endet die Not

Radikale Methoden und finale Strategien

Unfroh bleibt,
wer froh sein muß

Chronisches Pech und hoffnungslose Fälle

Das Leben ist ein alter Brauch,
und andere Leute leben auch

Schwacher Trost und starker Zuspruch